This journal belongs to:

_____

POTTER STYLE

What made you laugh today?

1

JANUARY

20___ //_____

_____

_____

_____

_____

20___ //_____

_____

_____

_____

_____

20___ //_____

_____

_____

_____

_____

2

JANUARY

What do you like best about
yourself?

20___ // _____

_____

_____

_____

_____

20___ // _____

_____

_____

_____

_____

20___ // _____

_____

_____

_____

_____

Who do you confide in most? Why?

3

JANUARY

20___ // _____

_____

_____

_____

_____

_____

20___ // _____

_____

_____

_____

_____

_____

20___ // _____

_____

_____

_____

_____

_____

4

JANUARY

How many hours do you play sports or
exercise in a week?

20 _ _ _ _ _ _

20 _ _ _ _ _ _

20 _ _ _ _ _ _

What decision is nagging at you?

5

20____

20____

20____

6

JANUARY

What song makes you feel good?

20___//_____

20___//_____

20___//_____

Would you rather be with a group of
friends or alone?

7

JANUARY

20___

20___

20___

8

JANUARY

How important are grades to you?

20___//_____

_____

_____

_____

_____

_____

20___//_____

_____

_____

_____

_____

_____

20___//_____

_____

_____

_____

_____

_____

What recent news event got your attention?

9

JANUARY

20 __ //_____

_____

_____

_____

_____

_____

20 __ //_____

_____

_____

_____

_____

_____

20 __ //_____

_____

_____

_____

_____

_____

10

JANUARY

What does someone in your family
often nag you about?

20 //_____

_____

_____

_____

_____

_____

20 //_____

_____

_____

_____

_____

_____

20 //_____

_____

_____

_____

_____

_____

11
JANUARY

On a scale of 1 to 10, how much of a
risk taker are you?

20   //

20   //

20   //

12

JANUARY

As far as books go, I couldn't put down _____ .

20___ //_____

_____

_____

_____

_____

20___ //_____

_____

_____

_____

_____

20___ //_____

_____

_____

_____

_____

What do you think about drinking?

13

JANUARY

20___ // _____

_____

_____

_____

_____

_____

20___ // _____

_____

_____

_____

_____

_____

20___ // _____

_____

_____

_____

_____

_____

14

JANUARY

What nice thing did you do for yourself today?

20␣␣␣␣␣␣␣

20␣␣␣␣␣␣␣

20␣␣␣␣␣␣␣

How much time do you spend on social media?

 **15**

JANUARY

20 _____

20 _____

20 _____

16

JANUARY

Do you ever feel like an outsider?
Why?

20 //

20 //

20 //

Describe your fantasy job or internship.

17

JANUARY

20 _____

20 _____

20 _____

18

JANUARY

I wish people knew I was _____.

20___//_____
_____
_____
_____
_____

20___//_____
_____
_____
_____
_____

20___//_____
_____
_____
_____
_____

In what ways do you show your
individuality?

19

JANUARY

20___//_____

_____

_____

_____

_____

20___//_____

_____

_____

_____

_____

20___//_____

_____

_____

_____

_____

20

JANUARY

List two of your favorite comfort foods.

20 //_____

_____

_____

_____

_____

_____

20 //_____

_____

_____

_____

_____

_____

20 //_____

_____

_____

_____

_____

_____

What problems do you think your
generation will fix?

21

JANUARY

20___//_____

_____

_____

_____

_____

20___//_____

_____

_____

_____

_____

20___//_____

_____

_____

_____

_____

_____

22

JANUARY

If _____, my life would be better.

20___ //_____

_____

_____

_____

_____

20___ //_____

_____

_____

_____

_____

20___ //_____

_____

_____

_____

_____

_____

What are you expected to pay for
with your own money?

23

JANUARY

20   //

20   //

20   //

24

JANUARY

What do you wish you were brave enough to do?

20 _____

20 _____

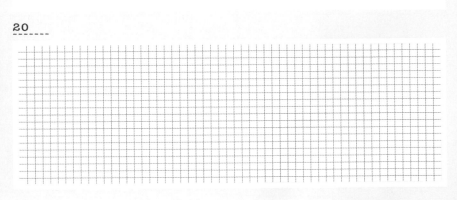

20 _____

Who disappointed you? How?

25

JANUARY

20____

20____

20____

26

JANUARY

_____ is my favorite color to wear.

20____ //_____

_____

_____

_____

_____

_____

20____ //_____

_____

_____

_____

_____

_____

20____ //_____

_____

_____

_____

_____

_____

What happened recently that was
unfair?

27

JANUARY

20＿＿

20＿＿

20＿＿

28

JANUARY

If you were cast in a movie, what kind of part would you play?

20___//_____

_____

_____

_____

_____

20___//_____

_____

_____

_____

_____

20___//_____

_____

_____

_____

_____

What moral dilemma did you have to
deal with recently?

29

JANUARY

20 //

20 //

20 //

30

JANUARY

What would a perfect day look like?

20 // _____

_____

_____

_____

_____

_____

20 // _____

_____

_____

_____

_____

_____

20 // _____

_____

_____

_____

_____

_____

Who are you jealous of?

31

JANUARY

20   //_____

_____

_____

_____

_____

20   //_____

_____

_____

_____

_____

20   //_____

_____

_____

_____

_____

1

FEBRUARY

I love to talk about _____.

20___ // _____

_____

_____

_____

_____

20___ // _____

_____

_____

_____

_____

20___ // _____

_____

_____

_____

_____

_____

Since I got involved with _____,
I feel worse.

2
FEBRUARY

20___//_____

_____

_____

_____

_____

_____

20___//_____

_____

_____

_____

_____

_____

20___//_____

_____

_____

_____

_____

_____

_____

3

FEBRUARY

Do you like team or individual sports better?

20___

20___

20___

Has anyone ever spread a rumor about you? What was it?

4

20____

20____

20____

5

FEBRUARY

If you could jump in a car right now, where would you go?

20   //_____

_____

_____

_____

_____

20   //_____

_____

_____

_____

_____

20   //_____

_____

_____

_____

_____

Describe a bad habit.

6

FEBRUARY

20___

20___

20___

7
FEBRUARY

What hobbies and/or collections do
you have?

20____//_____

_____

_____

_____

_____

20____//_____

_____

_____

_____

_____

20____//_____

_____

_____

_____

_____

What made you happy about yourself today?

8

FEBRUARY

20 //

20 //

20 //

9

FEBRUARY

When was your last buying splurge?
What did you buy?

20 //

20 //

20 //

How did a recent fight get resolved?

20____//_____

_____

_____

_____

_____

_____

20____//_____

_____

_____

_____

_____

_____

20____//_____

_____

_____

_____

_____

_____

11
FEBRUARY

People got the wrong impression of
me when _____.

20___//_____

_____

_____

_____

_____

20___//_____

_____

_____

_____

_____

20___//_____

_____

_____

_____

_____

What went well today?

12
FEBRUARY

20___//_____

_____

_____

_____

_____

20___//_____

_____

_____

_____

_____

20___//_____

_____

_____

_____

_____

13

FEBRUARY

Describe your form of spirituality.

20_____

20_____

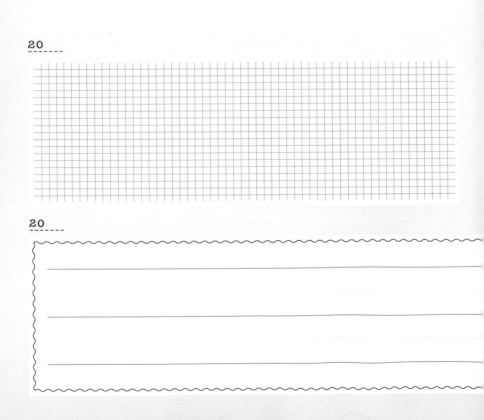

20_____

Who is your Valentine, either secret or out in the open?

14

FEBRUARY

20____

20____

20____

15

FEBRUARY

<u>What do you get criticized for?</u>

20   //_____

_____

_____

_____

_____

20   //_____

_____

_____

_____

_____

20   //_____

_____

_____

_____

_____

Do you usually win arguments? Why?

16

FEBRUARY

20___

20___

20___

17

FEBRUARY

When was the last time you felt
lonely or left out?

20___//_____
_____
_____
_____
_____

20___//_____
_____
_____
_____
_____

20___//_____
_____
_____
_____
_____

If you could hang out with any
celebrity for an hour, who would you
choose?

18
FEBRUARY

20___//_____

_____

_____

_____

_____

20___//_____

_____

_____

_____

_____

20___//_____

_____

_____

_____

_____

19

FEBRUARY

What possession do you still have from childhood?

20 //_____

_____

_____

_____

_____

20 //_____

_____

_____

_____

_____

20 //_____

_____

_____

_____

_____

I have never told anyone that
_____.

20 //_____

_____

_____

_____

_____

20 //_____

_____

_____

_____

_____

20 //_____

_____

_____

_____

_____

21

FEBRUARY

Which TV shows do you like to watch?

20 //

20 //

20 //

How does your drinking or someone
else's affect your life?

22
FEBRUARY

20___//_____

_____

_____

_____

_____

_____

20___//_____

_____

_____

_____

_____

20___//_____

_____

_____

_____

_____

_____

23

FEBRUARY

I'm too young to _____.

20____

20____

20____

I'm too old to _____.

24

20___

20___

20___

25

FEBRUARY

What is your favorite place?

20____ //_____

_____

_____

_____

_____

_____

20____ //_____

_____

_____

_____

_____

_____

_____

20____ //_____

_____

_____

_____

_____

_____

Is sex casual or serious to you?

26
FEBRUARY

20___

20___

20___

27
FEBRUARY

Are you more logical or artistic?

20___//_____

_____

_____

_____

_____

20___//_____

_____

_____

_____

_____

20___//_____

_____

_____

_____

_____

What happened that made you angry?

28
FEBRUARY

20___ // _____
_____
_____
_____
_____

20___ // _____
_____
_____
_____
_____

20___ // _____
_____
_____
_____
_____
_____

29
FEBRUARY

When did you leap to conclusions?

20___//_____

_____

_____

_____

_____

20___//_____

_____

_____

_____

_____

20___//_____

_____

_____

_____

_____

_____ might have a crush on me.

1

MARCH

20 // _____

_____

_____

_____

_____

20 // _____

_____

_____

_____

_____

20 // _____

_____

_____

_____

_____

2

MARCH

What do you think about drugs?

20___ //_____

_____

_____

_____

_____

20___ //_____

_____

_____

_____

_____

20___ //_____

_____

_____

_____

_____

The one thing I hope I don't forget
when I'm an adult is _____.

3

MARCH

20___ // _____
_____
_____
_____
_____

20___ // _____
_____
_____
_____
_____

20___ // _____
_____
_____
_____
_____

4

MARCH

It was so funny when _____.

20 - - - - - - -

20 - - - - - - -

20 - - - -

How ambitious are you?

5

20____

20____

20____

6

MARCH

How is your relationship with food?

20___ //_____

_____

_____

_____

_____

_____

20___ //_____

_____

_____

_____

_____

_____

20___ //_____

_____

_____

_____

_____

_____

7

MARCH

20␣␣␣␣␣

20␣␣␣␣␣

20␣␣␣␣␣

8
MARCH

What movie is close to the story of
your life?

20___//_____

_____

_____

_____

_____

20___//_____

_____

_____

_____

_____

20___//_____

_____

_____

_____

_____

When was the last time you cheated,
in a big or small way?

9
MARCH

20___//_____

_____

_____

_____

_____

20___//_____

_____

_____

_____

_____

20___//_____

_____

_____

_____

_____

10
MARCH

Do you think globally? How?

20___ //_____

_____

_____

_____

_____

_____

20___ //_____

_____

_____

_____

_____

_____

20___ //_____

_____

_____

_____

_____

_____

People tell me I'm _____, but I
can't see it.

11

MARCH

20 //_____

_____

_____

_____

_____

20 //_____

_____

_____

_____

_____

20 //_____

_____

_____

_____

_____

12
MARCH

What made you smile today?

20___//_____

20___//_____

20___//_____

What is the craziest thing you would do for someone?

13 MARCH

20 //

20 //

20 //

14

MARCH

I wish I'd spoken up when _____.

20____

20____

20____

Who is your favorite teacher or coach? Why?

MARCH

20_____

20_____

20_____

16
MARCH

When did you feel backed into a corner?

20___ //_____

_____

_____

_____

_____

_____

20___ //_____

_____

_____

_____

_____

_____

20___ //_____

_____

_____

_____

_____

_____

What is your wildest daydream?

17 MARCH

20___

20___

20___

18
MARCH

How do you rate your brain power,
on a scale of 1 to 10?

20___ //_____

_____

_____

_____

_____

20___ //_____

_____

_____

_____

_____

20___ //_____

_____

_____

_____

_____

Describe one of your good habits.

19
MARCH

20   //

20   //

20   //

20
MARCH

Do you ever feel selfish? When?

20 //

20 //

20 //

Since I got involved with _____,
I feel better.

20___ // _____

_____

_____

_____

_____

20___ // _____

_____

_____

_____

_____

20___ // _____

_____

_____

_____

_____

22
MARCH

If you could be anywhere else in the world right now, where would you be?

20___//_____

_____

_____

_____

_____

_____

20___//_____

_____

_____

_____

_____

_____

20___//_____

_____

_____

_____

_____

_____

Who makes you nervous? Why?

23

MARCH

20 //
_____
_____
_____
_____
_____

20 //
_____
_____
_____
_____
_____

20 //
_____
_____
_____
_____
_____

24

MARCH

What do you have to say about your siblings, or lack of?

20_____

20_____

20_____

What risk did you take that paid off?

25

MARCH

20＿＿

20＿＿

20＿＿

26

MARCH

Who is one of your favorite family
members? Why?

20 //_____

_____

_____

_____

_____

_____

20 //_____

_____

_____

_____

_____

_____

20 //_____

_____

_____

_____

_____

_____

_____

What issue are you dealing with today?

20___

20___

20___

28
MARCH

What is your social media of choice?

20   //

20   //

20   //

What do you wish you could tell a
friend about himself/herself?

29
MARCH

20___ //_____

_____

_____

_____

_____

20___ //_____

_____

_____

_____

_____

20___ //_____

_____

_____

_____

_____

30
MARCH

How do you feel about romantic
relationships right now?

20___//_____

_____

_____

_____

_____

_____

20___//_____

_____

_____

_____

_____

_____

20___//_____

_____

_____

_____

_____

_____

How do you get yourself to focus?

31

MARCH

20 // _____

_____

_____

_____

_____

30 // _____

_____

_____

_____

_____

20 // _____

_____

_____

_____

_____

1
APRIL

Do you kid around a lot or are you more serious?

20 //_____

_____

_____

_____

_____

20 //_____

_____

_____

_____

_____

20 //_____

_____

_____

_____

_____

_____

How was your day?

2
APRIL

20___//_____
_____
_____
_____
_____

20___//_____
_____
_____
_____
_____

20___//_____
_____
_____
_____
_____
_____

3

APRIL

20

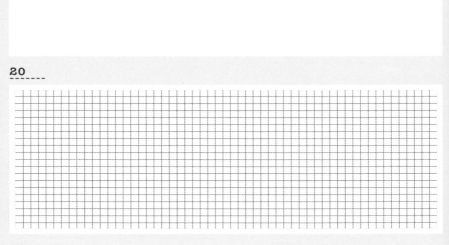

20

20

What car would you like to own?

4

20_____

20_____

20_____

5

APRIL

Are you grieving the loss of anyone or anything? Explain.

20___//_____

_____

_____

_____

_____

20___//_____

_____

_____

_____

_____

20___//_____

_____

_____

_____

_____

Which author would you like to hang
out with for a day?

20___

20___

20___

7
APRIL

Tell about a time you stalked
someone online.

20___//_____
_____
_____
_____
_____

20___//_____
_____
_____
_____
_____

20___//_____
_____
_____
_____
_____

When did you feel understood?

8
APRIL

20___//_____
_____
_____
_____
_____
_____

20___//_____
_____
_____
_____
_____
_____

20___//_____
_____
_____
_____
_____
_____

9
APRIL

Romantically, what season matches
your heart right now: fall, winter,
spring, or summer?

20 //_____

_____

_____

_____

_____

_____

20 //_____

_____

_____

_____

_____

_____

20 //_____

_____

_____

_____

_____

_____

What would a statue of you be like?

10

APRIL

20 // _____

_____

_____

_____

_____

20 // _____

_____

_____

_____

_____

20 // _____

_____

_____

_____

_____

11
APRIL

What is your favorite swear word?

20___ //_____

_____

_____

_____

_____

20___ //_____

_____

_____

_____

_____

20___ //_____

_____

_____

_____

_____

Tell what you like about your body.

12
APRIL

20___//_____
_____
_____
_____
_____

20___//_____
_____
_____
_____
_____

20___//_____
_____
_____
_____
_____

13

APRIL

You could say I'm addicted to
_____.

20____

20____

20____

What is the most fun you had today?

14

APRIL

20_____

20_____

20_____

15
APRIL

What did you do with a rumor you heard?

20 //

20 //

20 //

Who do you have a crush on?

16
APRIL

20_____

20_____

20_____

17
APRIL

One thing I know for sure is
_____.

20___//_____
_____
_____
_____
_____

20___//_____
_____
_____
_____
_____

20___//_____
_____
_____
_____
_____

Are you outgoing, introverted, or in between?

18
APRIL

20 //_____

_____

_____

_____

_____

20 //_____

_____

_____

_____

_____

20 //_____

_____

_____

_____

_____

_____

19
APRIL

Where would you love a gift
certificate from?

20 //_____

_____

_____

_____

_____

_____

20 //_____

_____

_____

_____

_____

_____

20 //_____

_____

_____

_____

_____

_____

Do you tend to blame yourself or other people if something goes wrong?

20
APRIL

20 // _____

20 // _____

20 // _____

21

APRIL

What do you like most about a close
friend?

20___//_____

_____

_____

_____

_____

20___//_____

_____

_____

_____

_____

20___//_____

_____

_____

_____

_____

What seems hypocritical in your world?

22
APRIL

20 //

20 //

20 //

23

APRIL

Which clothes show the real you?

20 _____

20 _____

20 _____

_____ is self-destructive for me.

24

20___

20___

20___

25

APRIL

<u>What is the best relationship
you've had?</u>

20___//_____

_____

_____

_____

_____

_____

20___//_____

_____

_____

_____

_____

_____

20___//_____

_____

_____

_____

_____

_____

_____

Do you like it quiet or noisy?

26
APRIL

20___

20___

20___

27
APRIL

How big an issue is depression
for you?

20 //

20 //

20 //

What do you need to give yourself
credit for?

20___ // _____

_____

_____

_____

_____

20___ // _____

_____

_____

_____

_____

20___ // _____

_____

_____

_____

_____

29
APRIL

Academic pressure makes me _____.

20___ //_____

_____

_____

_____

_____

_____

20___ //_____

_____

_____

_____

_____

20___ //_____

_____

_____

_____

_____

How many parties have you been to in the last month?

30 APRIL

20___//_____

_____

_____

_____

_____

20___//_____

_____

_____

_____

_____

20___//_____

_____

_____

_____

_____

1

MAY

If I had a magic wand, I _____.

20___ // _____

_____

_____

_____

_____

20___ // _____

_____

_____

_____

_____

20___ // _____

_____

_____

_____

_____

What creative outlets do you have?
How important are they to you?

20___//_____

_____

_____

_____

_____

20___//_____

_____

_____

_____

_____

20___//_____

_____

_____

_____

_____

3

MAY

When did you witness or feel
prejudice of some kind?

20____

20____

20____

What is the most adventurous thing you've ever done?

4

MAY

20_____

20_____

20_____

5

MAY

<u>When was the last time you cried?</u>

20___ //_____

_____

_____

_____

_____

_____

20___ //_____

_____

_____

_____

_____

_____

20___ //_____

_____

_____

_____

_____

_____

What have you done right today?

6

MAY

20_____

20_____

20_____

7

MAY

Have you ever felt or been violent?
What happened?

20___ //_____

_____

_____

_____

_____

20___ //_____

_____

_____

_____

_____

20___ //_____

_____

_____

_____

_____

_____

Who or what brings out the best
in you?

8
MAY

20___//_____

_____

_____

_____

_____

20___//_____

_____

_____

_____

_____

20___//_____

_____

_____

_____

_____

9

MAY

How often do you find yourself
thinking about the future?

20 //_____

_____

_____

_____

_____

_____

20 //_____

_____

_____

_____

_____

_____

20 //_____

_____

_____

_____

_____

_____

How much experience have you had sexually?

10 MAY

20___ //_____

_____

_____

_____

_____

20___ //_____

_____

_____

_____

_____

20___ //_____

_____

_____

_____

_____

11

MAY

Who would you give your lunch to?

20___ //_____

_____

_____

_____

_____

20___ //_____

_____

_____

_____

_____

20___ //_____

_____

_____

_____

_____

In a cartoon of your family, what
would you be saying?

12
MAY

20___//_____

_____

_____

_____

20___//_____

_____

_____

_____

20___//_____

_____

_____

_____

_____

13
MAY

What decision made a big difference for you?

20_____

20_____

20_____

If you could be a member of a band for a day, which one would it be?

14

MAY

20___

20___

20___

15

MAY

What would you like to shout from
the rooftops?

20___//_____

_____

_____

_____

_____

_____

20___//_____

_____

_____

_____

_____

_____

20___//_____

_____

_____

_____

_____

_____

How much time do you spend in
fantasy?

16

MAY

20___

20___

20___

17
MAY

I would like to invent _____.

20___ //_____

_____

_____

_____

_____

20___ //_____

_____

_____

_____

_____

20___ //_____

_____

_____

_____

_____

What is the most upsetting thing
that happened this week?

18
MAY

20___ // _____
_____
_____
_____
_____

20___ // _____
_____
_____
_____
_____

20___ // _____
_____
_____
_____
_____

19
MAY

If you could have any pet, what would you want?

20 //

20 //

20 //

Who has it out for you?

20
MAY

20 //_____

_____

_____

_____

_____

20 //_____

_____

_____

_____

20 //_____

_____

_____

_____

_____

21
MAY

Which book character do you really relate to?

20___//_____
_____
_____
_____
_____

20___//_____
_____
_____
_____
_____

20___//_____
_____
_____
_____
_____

When was the last time you got in
big trouble?

22
MAY

20___//_____

_____

_____

_____

_____

20___//_____

_____

_____

_____

_____

20___//_____

_____

_____

_____

_____

_____

23
MAY

How are you at cooking? What is your specialty?

20_____

20_____

20_____

24
MAY

I struggle with _____.

20__

20__

20__

25

MAY

What do you like to do when you hang out with friends?

20___ //_____
_____
_____
_____
_____
_____

20___ //_____
_____
_____
_____
_____
_____

20___ //_____
_____
_____
_____
_____
_____

If you could read someone's mind,
whose would you read?

26
MAY

20____

20____

20____

27
MAY

What is stressing you out?

20___//_____

_____

_____

_____

_____

20___//_____

_____

_____

_____

_____

20___//_____

_____

_____

_____

_____

_____

How does kindness play a part in
life—either yours or someone else's?

28
MAY

20___//_____

_____

_____

_____

_____

20___//_____

_____

_____

_____

_____

20___//_____

_____

_____

_____

_____

_____

29
MAY

If I had _____, I would feel rich.

20___ //_____

_____

_____

_____

_____

_____

20___ //_____

_____

_____

_____

_____

_____

20___ //_____

_____

_____

_____

_____

_____

Who doesn't take you seriously?

30

MAY

20___ //_____

_____

_____

_____

_____

20___ //_____

_____

_____

_____

_____

20___ //_____

_____

_____

_____

_____

31
MAY

How do you relax?

20___ //_____

_____

_____

_____

_____

20___ //_____

_____

_____

_____

_____

20___ //_____

_____

_____

_____

_____

What secret are you keeping?

1
JUNE

20   //

20   //

20   //

2

If you didn't have to think about money, what job would you love to have?

20 _ _ _ _ _ _ _

20 _ _ _ _ _ _ _

20 _ _ _ _ _ _ _

Who is upset with you today? Why?

3

JUNE

20 _ _ _ _ _ _ _

20 _ _ _ _ _ _ _

20 _ _ _ _ _ _ _

4

JUNE

<u>What is your favorite movie?</u>

20___ //_____

_____

_____

_____

_____

_____

20___ //_____

_____

_____

_____

_____

_____

20___ //_____

_____

_____

_____

_____

_____

Who do you feel competitive with?

JUNE

20____

20____

20____

6
JUNE

What is the best thing your family
does together?

20___ //_____
_____
_____
_____
_____

20___ //_____
_____
_____
_____
_____

20___ //_____
_____
_____
_____
_____

How do you normally spend your
Saturdays?

7

JUNE

20 //

20 //

20 //

8

JUNE

20 //_____

_____

_____

_____

_____

20 //_____

_____

_____

_____

_____

20 //_____

_____

_____

_____

_____

People would be surprised to know
that I _____.

9

JUNE

20___ //_____

_____

_____

_____

_____

20___ //_____

_____

_____

_____

_____

20___ //_____

_____

_____

_____

_____

_____

10
JUNE

What makes you feel like a kid
again?

20___ //_____

_____

_____

_____

_____

20___ //_____

_____

_____

_____

_____

20___ //_____

_____

_____

_____

_____

Which drug have you thought about
trying, or tried?

20___//_____

_____

_____

_____

_____

20___//_____

_____

_____

_____

_____

20___//_____

_____

_____

_____

_____

12

JUNE

Which adult understands you?

20___

20___

20___

What do you have to offer the world?

13

JUNE

20_____

20_____

20_____

14

JUNE

20 //_____

_____

_____

_____

_____

20 //_____

_____

_____

_____

_____

20 //_____

_____

_____

_____

_____

What is the longest relationship
you've had?

JUNE

20____

20____

20____

16

JUNE

My favorite dessert is _____.

20___ //_____

_____

_____

_____

_____

20___ //_____

_____

_____

_____

_____

20___ //_____

_____

_____

_____

_____

When did you recently lie about
something, directly or by omission?

17

JUNE

20___//_____

_____

_____

_____

_____

20___//_____

_____

_____

_____

_____

20___//_____

_____

_____

_____

_____

18
JUNE

Do you like structure or do you like things to be open-ended?

20 //_____

_____

_____

_____

_____

_____

20 //_____

_____

_____

_____

_____

_____

20 //_____

_____

_____

_____

_____

_____

What do you wish you could tell someone?

20 //_____

_____

_____

_____

_____

20 //_____

_____

_____

_____

_____

20 //_____

_____

_____

_____

_____

20
JUNE

If you got a tattoo, what would it look like?

20___//_____

_____

_____

_____

_____

20___//_____

_____

_____

_____

_____

20___//_____

_____

_____

_____

_____

What is one thing you wouldn't change about yourself?

21
JUNE

20   //

20   //

20   //

22

JUNE

If I could, I would prevent _____ from happening.

20____

20____

20____

Which is the best feature on your face?

23

JUNE

20_____

20_____

20_____

24

JUNE

20 //

20 //

20 //

Tell the best thing about school.

JUNE

20____

20____

20____

26
JUNE

What do you need to apologize for?

20 //

20 //

20 //

Write a two-line poem about what
you're feeling. It doesn't have
to rhyme.

20 //

20 //

20 //

28

JUNE

20 //
_____
_____
_____
_____
_____
_____

20 //
_____
_____
_____
_____
_____
_____

20 //
_____
_____
_____
_____
_____
_____

If you could relive today, what would you do differently?

29 JUNE

20___ //_____

_____

_____

_____

_____

20___ //_____

_____

_____

_____

_____

20___ //_____

_____

_____

_____

_____

30

JUNE

_____ gives me goose bumps.

20 _____ //_____

_____

_____

_____

_____

20 _____ //_____

_____

_____

_____

_____

20 _____ //_____

_____

_____

_____

_____

Which photo best represents you?

1

JULY

20___//_____

_____

_____

_____

_____

20___//_____

_____

_____

_____

_____

20___//_____

_____

_____

_____

_____

_____

2

JULY

_____ gets me out of myself.

20_____

20_____

20_____

What are you excited about that's underline coming up in the near future?

3

20_____

20_____

20_____

4

JULY

How involved are you in environmental issues?

20___ //_____

_____

_____

_____

_____

_____

20___ //_____

_____

_____

_____

_____

_____

20___ //_____

_____

_____

_____

_____

_____

Who is your hero? Why?

JULY

20___

20___

20___

6

JULY

When was the last time you did
something out of your comfort zone?

20___ //_____

_____

_____

_____

_____

20___ //_____

_____

_____

_____

_____

20___ //_____

_____

_____

_____

_____

What is your favorite restaurant?
Favorite meal there?

7

JULY

20___//_____

_____

_____

_____

_____

20___//_____

_____

_____

_____

_____

20___//_____

_____

_____

_____

_____

8

JULY

Which relationship is holding you back?

20___ //_____

_____

_____

_____

_____

20___ //_____

_____

_____

_____

_____

20___ //_____

_____

_____

_____

_____

_____

<u>If you could do whatever you wanted</u>
<u>today, what would you do?</u>

9

JULY

20___ //_____

_____

_____

_____

_____

20___ //_____

_____

_____

_____

_____

20___ //_____

_____

_____

_____

_____

10
JULY

What different moods have you been
in today?

20   //_____
_____
_____
_____
_____

20   //_____
_____
_____
_____
_____

20   //_____
_____
_____
_____
_____
_____

When did you feel like crawling in a
hole from embarrassment?

11

JULY

20___//_____

_____

_____

_____

_____

20___//_____

_____

_____

_____

_____

20___//_____

_____

_____

_____

_____

12

JULY

20____

20____

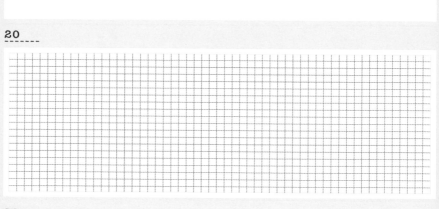

20____

Do you tend to save money or spend it?

13

JULY

20___

20___

20___

14
JULY

What did you beat yourself up about today?

20 //

20 //

20 //

Tell about the different kinds of
love you have in your life.

JULY

20___

20___

20___

16

JULY

If you could be born in a different
time, when would it be?

20___//_____
_____
_____
_____
_____

20___//_____
_____
_____
_____
_____

20___//_____
_____
_____
_____
_____

What did you learn today that made a
difference for you?

17

JULY

20___//_____

_____

_____

_____

_____

20___//_____

_____

_____

_____

_____

20___//_____

_____

_____

_____

_____

_____

18
JULY

What would you say if you met the
president?

20   //

20   //

20   //

<u>What is your favorite smell? What does it remind you of?</u>

19

JULY

20 //

20 //

20 //

20
JULY

When did you feel crazy?

20___ //_____

_____
_____
_____
_____
_____

20___ //_____

_____
_____
_____
_____
_____

20___ //_____

_____
_____
_____
_____
_____

How many hugs did you give/get
today?

21
JULY

20___//_____

_____

_____

_____

_____

20___//_____

_____

_____

_____

_____

20___//_____

_____

_____

_____

_____

_____

22

JULY

What do you wish you could change about yourself?

20_____

20_____

20_____

_____ is good for me.

23

JULY

20 _____

20 _____

20 _____

24

JULY

My family doesn't know I _____.

20___ //_____

_____

_____

_____

_____

_____

20___ //_____

_____

_____

_____

_____

_____

20___ //_____

_____

_____

_____

_____

_____

Which friendly relationship do you
wish was romantic?

25

JULY

20___

20___

20___

26
JULY

I would never wear _____.

20___ // _____

20___ // _____

20___ // _____

Describe two different sides of you.

27

JULY

20___//_____

_____

_____

_____

_____

_____

20___//_____

_____

_____

_____

_____

_____

20___//_____

_____

_____

_____

_____

_____

28
JULY

What is the best thing about your
bedroom?

20 //

20 //

20 //

Describe something your friends do that you're thinking about trying.

29

JULY

20 //_____

_____

_____

_____

_____

_____

20 //_____

_____

_____

_____

_____

_____

20 //_____

_____

_____

_____

_____

_____

_____

30

JULY

I am talented at _____.

20___ // _____

20___ // _____

20___ // _____

Who is a constant irritation to you?
Why?

31
JULY

20___//_____

20___//_____

20___//_____

1

AUGUST

Do you act like yourself around people you want to date?

20_____

20_____

20_____

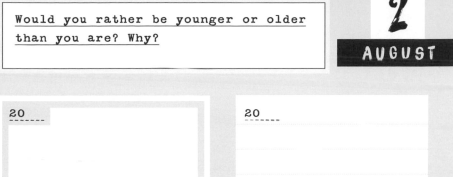

Would you rather be younger or older than you are? Why?

2

AUGUST

20___

20___

20

3

AUGUST

Are you messy or neat?

20___ //_____
_____
_____
_____
_____
_____

20___ //_____
_____
_____
_____
_____
_____

20___ //_____
_____
_____
_____
_____
_____

It is hard to find time for
_____, even though I love it.

4

20____

20____

20____

5
AUGUST

When was the last time you had dark
thoughts?

20___ //_____

_____

_____

_____

_____

20___ //_____

_____

_____

_____

_____

20___ //_____

_____

_____

_____

_____

Which movie premiere would you like
to attend?

6

AUGUST

20 //

20 //

20 //

7
AUGUST

What exercise did you get in the
last two days?

20 //_____

_____

_____

_____

_____

20 //_____

_____

_____

_____

_____

20 //_____

_____

_____

_____

_____

<u>What does your anger look like when</u>
<u>it comes out?</u>

8

20___//_____

_____

_____

_____

_____

20___//_____

_____

_____

_____

_____

20___//_____

_____

_____

_____

_____

9

AUGUST

If I could add a subject to the
school curriculum, it would be
————.

20___ //_____

_____

_____

_____

_____

20___ //_____

_____

_____

_____

_____

20___ //_____

_____

_____

_____

_____

Tell a favorite memory from
childhood.

20___//_____
_____
_____
_____
_____
_____

20___//_____
_____
_____
_____
_____
_____

20___//_____
_____
_____
_____
_____
_____

11

AUGUST

What pet or animal do you feel close to?

20____

20____

20____

I was afraid when _____.

12

AUGUST

20___

20___

20___

13

AUGUST

How big a part does college play in
your future?

20 //_____
_____
_____
_____
_____
_____

20 //_____
_____
_____
_____
_____
_____

20 //_____
_____
_____
_____
_____
_____

What activity do you wish you could
do more with a member of your family?

20____

20____

20____

15

AUGUST

Have you ever been bullied or
bullied someone? Explain.

20 //

20 //

20 //

What makes life worth living?

16
AUGUST

20___//_____

_____

_____

_____

_____

20___//_____

_____

_____

_____

_____

30___//_____

_____

_____

_____

_____

_____

17

AUGUST

Who is sending you mixed messages?

20___ //_____
_____
_____
_____
_____
_____

20___ //_____
_____
_____
_____
_____
_____

20___ //_____
_____
_____
_____
_____
_____

How would you describe yourself in one sentence?

18

AUGUST

20____ //_____

_____

_____

_____

_____

20____ //_____

_____

_____

_____

20____ //_____

_____

_____

_____

_____

19

AUGUST

What caught your eye today?

20___//_____

_____

_____

_____

_____

20___//_____

_____

_____

_____

_____

20___//_____

_____

_____

_____

_____

My sexual activity is _____.

20
AUGUST

20 //_____

_____

_____

_____

_____

20 //_____

_____

_____

_____

_____

20 //_____

_____

_____

_____

_____

21

AUGUST

Are you a day or night person?

20____

20____

20____

When were you really goofy?

20_____

20_____

20_____

23

AUGUST

What do you need to forgive
yourself for?

20___ //_____

_____

_____

_____

_____

_____

20___ //_____

_____

_____

_____

_____

_____

20___ //_____

_____

_____

_____

_____

_____

_____

Describe your fantasy vacation.

24

20_____

20_____

20_____

25
AUGUST

What part of your appearance are you always thinking about?

20___//_____

_____

_____

_____

_____

20___//_____

_____

_____

_____

_____

20___//_____

_____

_____

_____

_____

How do you reward yourself?

26
AUGUST

20   //_____

_____

_____

_____

_____

20   //_____

_____

_____

_____

_____

20   //_____

_____

_____

_____

_____

27

AUGUST

Who turned out to be different from
your first impression? How so?

20 //_____

_____

_____

_____

_____

_____

20 //_____

_____

_____

_____

_____

_____

20 //_____

_____

_____

_____

_____

_____

My eating habits are _____.

28

AUGUST

20___ //_____

_____

_____

_____

_____

20___ //_____

_____

_____

_____

_____

20___ //_____

_____

_____

_____

_____

29
AUGUST

Which relationship is helping
you grow?

20 //_____

_____

_____

_____

_____

20 //_____

_____

_____

_____

_____

20 //_____

_____

_____

_____

_____

I miss _____.

30
AUGUST

20 // _____
_____
_____
_____
_____

20 // _____
_____
_____
_____
_____

20 // _____
_____
_____
_____
_____

31

AUGUST

Describe a dream you had recently.

20____

20____

20____

What is the drama in your life right now?

1 SEPTEMBER

20___

20___

20___

2

SEPTEMBER

How many hours a week do you work?
At what?

20___//_____

_____

_____

_____

_____

_____

20___//_____

_____

_____

_____

_____

_____

20___//_____

_____

_____

_____

_____

_____

What relationship is not working
right now? What needs to happen?

SEPTEMBER

20____

20____

20____

4

SEPTEMBER

If you got the funding, what
business would you start?

20 //_____

_____

_____

_____

_____

20 //_____

_____

_____

_____

_____

20 //_____

_____

_____

_____

_____

If you could magically make something disappear, what would it be?

5
SEPTEMBER

20___//_____

20___//_____

20___//_____

6

SEPTEMBER

What kind of weather matches your
mood right now?

20 //_____

_____

_____

_____

_____

_____

20 //_____

_____

_____

_____

_____

_____

20 //_____

_____

_____

_____

_____

_____

How do you feel about your body today?

7

SEPTEMBER

20 //

20 //

20 //

8

SEPTEMBER

I like to help by _____.

20___ // _____
_____
_____
_____
_____

20___ // _____
_____
_____
_____
_____

20___ // _____
_____
_____
_____
_____

Do you tend to hang out with people
who are good or bad for you?

9

SEPTEMBER

20___ //_____

_____

_____

_____

_____

_____

20___ //_____

_____

_____

_____

_____

_____

20___ //_____

_____

_____

_____

_____

_____

_____

10

SEPTEMBER

How techy are you, on a scale of 1 to 10?

20 _ _ _ _ _ _ _

20 _ _ _ _ _ _ _

20 _ _ _ _ _ _ _

Have you ever questioned your sexuality?

20_____

20_____

20_____

12

SEPTEMBER

I really felt like I belonged when
_____ .

20___ // _____
_____
_____
_____
_____

20___ // _____
_____
_____
_____
_____

20___ // _____
_____
_____
_____
_____

How late do you normally sleep on weekends?

SEPTEMBER

20___

_____

20___

_____

20___

_____

14
SEPTEMBER

What is working well at home
right now?

20___//_____
_____
_____
_____
_____

20___//_____
_____
_____
_____
_____

20___//_____
_____
_____
_____
_____
_____

What scares you but you do it anyway?

15

SEPTEMBER

20___//_____

_____

_____

_____

_____

20___//_____

_____

_____

_____

_____

20___//_____

_____

_____

_____

_____

_____

16
SEPTEMBER

Describe your first kiss or how you picture it.

20 //_____

_____
_____
_____
_____
_____

20 //_____

_____
_____
_____
_____
_____

20 //_____

_____
_____
_____
_____
_____

What do you wish you could still do
that you did as a kid?

17

SEPTEMBER

20   //

20   //

20   //

18
SEPTEMBER

How do you feel about drugs these days?

20___ //

20___ //

20___ //

When do you study best? Where?

19
SEPTEMBER

20___//_____

20___//_____

20___//_____

20

SEPTEMBER

My social life is _____.

20 _____

20 _____

20 _____

What energizes you?

21
SEPTEMBER

20 _ _ _ _ _ _ _

20 _ _ _ _ _ _ _

20 _ _ _ _ _ _ _

22

SEPTEMBER

What are you lying to yourself about?

20___ //_____

_____

_____

_____

_____

_____

20___ //_____

_____

_____

_____

_____

_____

20___ //_____

_____

_____

_____

_____

_____

The best time of day is _____.

23

SEPTEMBER

20___

20___

20___

24
SEPTEMBER

When did you show courage?

20___ //_____

_____

_____

_____

_____

20___ //_____

_____

_____

_____

_____

20___ //_____

_____

_____

_____

_____

What do people say about your sense
of humor?

25

SEPTEMBER

20___//_____

_____

_____

_____

_____

20___//_____

_____

_____

_____

_____

20___//_____

_____

_____

_____

_____

26
SEPTEMBER

Sensitivity rating of yourself?
(10 is extremely sensitive)

20   //

20   //

20   //

What did you spend money on today?

27 SEPTEMBER

20 //_____

20 //_____

20 //_____

28
SEPTEMBER

When did you take off your "mask"?

20___//_____

_____

_____

_____

_____

20___//_____

_____

_____

_____

_____

20___//_____

_____

_____

_____

_____

_____

What is the best advice someone has
given you lately?

29
SEPTEMBER

20 //

20 //

20 //

30

SEPTEMBER

When was the last time you said no to someone?

20___

20___

20___

Do you normally make plans or
wing it? Example?

1

20_ _ _ _ _ _

20_ _ _ _ _ _

20_ _ _ _ _ _

2

OCTOBER

<u>What are you sorry you posted?</u>

20___ //_____

_____

_____

_____

_____

_____

20___ //_____

_____

_____

_____

_____

_____

20___ //_____

_____

_____

_____

_____

_____

When was the last time you were in
the role of leader?

3

OCTOBER

20___

20___

20___

4
OCTOBER

20___//_____

_____

_____

_____

_____

20___//_____

_____

_____

_____

_____

20___//_____

_____

_____

_____

_____

_____

Who is the friendliest person you talked to today?

5

OCTOBER

20___//_____

_____

_____

_____

_____

20___//_____

_____

_____

_____

_____

20___//_____

_____

_____

_____

_____

6

OCTOBER

When did you feel like an impostor?

20___ //_____

_____

_____

_____

_____

_____

20___ //_____

_____

_____

_____

_____

_____

20___ //_____

_____

_____

_____

_____

_____

What did you see recently that you'd like to buy?

7

OCTOBER

20___ //_____

_____

_____

_____

_____

20___ //_____

_____

_____

_____

_____

20___ //_____

_____

_____

_____

_____

8

OCTOBER

When was the last time you were in a
serious relationship?

20___ //_____

_____

_____

_____

_____

20___ //_____

_____

_____

_____

_____

20___ //_____

_____

_____

_____

_____

If you could be invisible for an
hour, what would you do?

9

OCTOBER

20___//_____

_____

_____

_____

_____

20___//_____

_____

_____

_____

_____

20___//_____

_____

_____

_____

_____

_____

10
OCTOBER

If you could relive a wonderful time
or moment, what would it be?

20 _____

20 _____

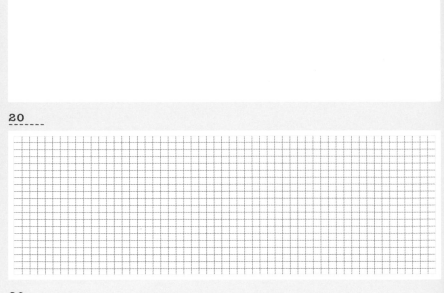

20 _____

When was the last time you were drinking or around drinking?

20_____

20_____

20_____

12

OCTOBER

I am proud I _____.

20___ //_____

_____

_____

_____

_____

_____

20___ //_____

_____

_____

_____

_____

20___ //_____

_____

_____

_____

_____

_____

When were you sick last? How do you
rate your health in general?

13

OCTOBER

20___

20___

20___

14

OCTOBER

What would taste really good
right now?

20___//_____
_____
_____
_____
_____

20___//_____
_____
_____
_____
_____

20___//_____
_____
_____
_____
_____

Who is your funniest teacher?

15
OCTOBER

20 //_____

20 //_____

00 //_____

16

OCTOBER

_____ makes me sad.

20____ //_____
_____
_____
_____
_____
_____

20____ //_____
_____
_____
_____
_____
_____

20____ //_____
_____
_____
_____
_____
_____

Describe a time you didn't give up.

20___ //_____
_____
_____
_____
_____

20___ //_____
_____
_____
_____
_____

20___ //_____
_____
_____
_____
_____
_____

18
OCTOBER

If _____ and I were one person,
we would make a well-rounded person.

20___ //_____

_____

_____

_____

_____

20___ //_____

_____

_____

_____

_____

20___ //_____

_____

_____

_____

_____

_____

What is your philosophy on virginity?

19

OCTOBER

20____//_____

_____

_____

_____

_____

20____//_____

_____

_____

_____

_____

20____//_____

_____

_____

_____

_____

20

OCTOBER

_____ came through for me today.

20 - - - - - - -

20 - - - - - - -

20 - - - -

What is your favorite day of the week? Why?

21 OCTOBER

20___

20___

20___

22

OCTOBER

If I don't get exercise or do sports,
I feel _____.

20___ //_____

_____

_____

_____

_____

_____

20___ //_____

_____

_____

_____

_____

_____

20___ //_____

_____

_____

_____

_____

_____

How are you in emergencies?
Example?

23
OCTOBER

20____

20____

20____

24

OCTOBER

If my friends knew I _____, they would judge me or make fun of me.

20___ // _____

20___ // _____

20___ // _____

Describe a time you helped someone.

20 //_____

_____

_____

_____

_____

20 //_____

_____

_____

_____

_____

20 //_____

_____

_____

_____

_____

_____

26
OCTOBER

What is worrying you?

20 //_____

_____

_____

_____

_____

_____

20 //_____

_____

_____

_____

_____

_____

20 //_____

_____

_____

_____

_____

_____

How are you different from the adults in your family?

27

OCTOBER

20 //_____

_____

_____

_____

_____

20 //_____

_____

_____

_____

_____

20 //_____

_____

_____

_____

_____

28
OCTOBER

Do you believe in ghosts? Aliens?
The supernatural?

20___ //_____

_____

_____

_____

_____

20___ //_____

_____

_____

_____

_____

20___ //_____

_____

_____

_____

_____

I would move to _____ if I could.

29

OCTOBER

20___//_____

_____

_____

_____

_____

20___//_____

_____

_____

_____

_____

20___//_____

_____

_____

_____

_____

30

OCTOBER

When was the last time you were grounded?

20___

20___

20___

If you could morph into someone else, who would it be?

31

20___

20___

20___

1

NOVEMBER

How do you feel about dancing?

20___ //_____
_____
_____
_____
_____
_____

20___ //_____
_____
_____
_____
_____
_____

20___ //_____
_____
_____
_____
_____
_____

_____ makes me different from other people.

2

NOVEMBER

20___

20___

20___

3
NOVEMBER

What family do you wish your family was like? Why?

20___ //_____

_____

_____

_____

_____

20___ //_____

_____

_____

_____

_____

20___ //_____

_____

_____

_____

_____

How do you feel about gender
equality?

4

NOVEMBER

20___ //____

20___ //____

20___ //____

5

NOVEMBER

Self-discipline: when do you
have it, and when don't you?

20 //

20 //

20 //

_____ broke my heart.

6

NOVEMBER

20____ //_____
_____
_____
_____
_____
_____

20____ //_____
_____
_____
_____
_____

20____ //_____
_____
_____
_____
_____

7

NOVEMBER

What makes you feel like you have a
purpose in life?

20___//_____

_____

_____

_____

_____

20___//_____

_____

_____

_____

_____

20___//_____

_____

_____

_____

_____

_____

How many times did you look in the
mirror today?

8

NOVEMBER

20 //

20 //

20 //

9

NOVEMBER

In your crystal ball, what kind of future do you see for yourself?

20_____

20_____

20_____

Do you have your own bedroom?
How do you feel about it?

20 _ _ _

20 _ _ _

20 _ _ _

11

NOVEMBER

Do you feel pressure about sex?
Explain.

20___//_____

_____

_____

_____

_____

_____

20___//_____

_____

_____

_____

_____

_____

20___//_____

_____

_____

_____

_____

_____

What could be your theme song?

12
NOVEMBER

20__

20__

20__

13

NOVEMBER

What do you do to escape?

20 //

20 //

20 //

How do you feel about your
neighborhood?

14
NOVEMBER

20___//_____

_____

_____

_____

_____

20___//_____

_____

_____

_____

_____

20___//_____

_____

_____

_____

_____

15
NOVEMBER

Do you slack off, do you overwork,
or are you balanced about school?

20 //

20 //

20 //

Who do you feel relaxed with?

16
NOVEMBER

20___//_____
_____
_____
_____
_____

20___//_____
_____
_____
_____
_____

20___//_____
_____
_____
_____
_____

17

NOVEMBER

What conflict did you back away from?
Why?

20___ // _____

_____

_____

_____

_____

20___ // _____

_____

_____

_____

_____

20___ // _____

_____

_____

_____

_____

How do you calm down?

18
NOVEMBER

20   //

20   //

20   //

19

NOVEMBER

When was the last time you talked to someone at school that you didn't know?

20_____

20_____

20_____

_____ really surprised me.

20

NOVEMBER

20 _____

20 _____

20 _____

21
NOVEMBER

Use three adjectives to describe your real or imagined girlfriend/boyfriend.

20 //_____

_____

_____

_____

_____

_____

20 //_____

_____

_____

_____

_____

_____

20 //_____

_____

_____

_____

_____

_____

_____

When did you feel self-conscious?

22

NOVEMBER

20_____

20_____

20_____

23

NOVEMBER

What do you see in the sky
right now?

20   //

20   //

20   //

_____ makes a positive difference in my life.

24

NOVEMBER

20___ //_____

_____

_____

_____

_____

20___ //_____

_____

_____

_____

_____

20___ //_____

_____

_____

_____

_____

_____

25
NOVEMBER

When did you feel peer pressure?
What happened?

20 //_____

_____

_____

_____

_____

_____

20 //_____

_____

_____

_____

_____

_____

20 //_____

_____

_____

_____

_____

_____

I spend (too much, too little,
just enough) time thinking about
boys/girls.

26

NOVEMBER

20 //_____
_____
_____
_____
_____

20 //_____
_____
_____
_____

20 //_____
_____
_____
_____
_____

27
NOVEMBER

I conquered _____.

20___ // _____
_____
_____
_____
_____

20___ // _____
_____
_____
_____
_____

20___ // _____
_____
_____
_____
_____
_____

When did you last spend time by
yourself?

28

NOVEMBER

20 //

20 //

20 //

29
NOVEMBER

What do you own that is invaluable
to you?

20 _ _ _ _ _ _ _

20 _ _ _ _ _ _ _

20 _ _ _ _ _ _ _

What did you overhear today?

30

NOVEMBER

20_____

20_____

20_____

1

DECEMBER

<u>Who confides in you?</u>

20___ //_____

_____

_____

_____

_____

_____

20___ //_____

_____

_____

_____

_____

_____

20___ //_____

_____

_____

_____

_____

_____

What would you consider doing if
there were no consequences?

2

DECEMBER

20___

20___

20___

3

DECEMBER

What is your favorite family meal?

20 //

20 //

20 //

Who or what gets in the way of your reaching your dreams/goals?

4
DECEMBER

20___//_____

_____

_____

_____

_____

20___//_____

_____

_____

_____

_____

20___//_____

_____

_____

_____

_____

_____

5
DECEMBER

Which do you like best: mountains,
ocean, forest, or desert?

20___//_____

_____

_____

_____

_____

_____

20___//_____

_____

_____

_____

_____

_____

20___//_____

_____

_____

_____

_____

_____

How did you feel around your friends today?

6

DECEMBER

20___ //_____

_____

_____

_____

_____

20___ //_____

_____

_____

_____

_____

20___ //_____

_____

_____

_____

_____

7

DECEMBER

What was the last live performance
you saw?

20 // _____
_____
_____
_____
_____

20 // _____
_____
_____
_____
_____

20 // _____
_____
_____
_____
_____

Are you rested or tired today?
How do you normally feel?

8

DECEMBER

20___//_____

_____

_____

_____

_____

20___//_____

_____

_____

_____

_____

20___//_____

_____

_____

_____

_____

_____

9

DECEMBER

Have you ever wanted to stop and
head down a different path in your
life? Did you?

20____

20____

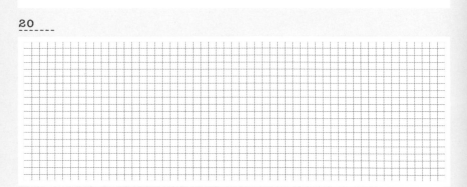

20____

How much do you use your
imagination?

10

20___

20___

20___

11

DECEMBER

If you could sit yourself down, what would you tell yourself?

20___//_____

_____

_____

_____

_____

_____

20___//_____

_____

_____

_____

_____

_____

20___//_____

_____

_____

_____

_____

_____

What makes you scream or want
to scream?

12

DECEMBER

20___

20___

20___

13

DECEMBER

I would _____ if I won the lottery.

20___//_____

_____

_____

_____

_____

20___//_____

_____

_____

_____

_____

20___//_____

_____

_____

_____

_____

_____

What secret did you tell someone
else? How did it feel?

14
DECEMBER

20___//_____

_____

_____

_____

_____

20___//_____

_____

_____

_____

_____

20___//_____

_____

_____

_____

_____

_____

15

DECEMBER

I am trying to change _____.

20___//_____

_____

_____

_____

_____

_____

20___//_____

_____

_____

_____

_____

_____

20___//_____

_____

_____

_____

_____

_____

Are you over- or underscheduled right now?

16

DECEMBER

20___ //_____

_____

_____

_____

_____

20___ //_____

_____

_____

_____

_____

20___ //_____

_____

_____

_____

_____

_____

17

DECEMBER

Who do you feel empathy toward? Why?

20___ //_____

_____

_____

_____

_____

20___ //_____

_____

_____

_____

_____

20___ //_____

_____

_____

_____

_____

When do you find yourself being more
of a spectator?

18
DECEMBER

20___//_____

_____

_____

_____

_____

20___//_____

_____

_____

_____

_____

20___//_____

_____

_____

_____

_____

19

DECEMBER

How do you feel about the oldest person you know?

20 _____

20 _____

20 _____

How are you responsible for your current situation at school?

20

DECEMBER

20____

20____

20____

21

DECEMBER

Who raised your spirits today?

20____//_____

_____

_____

_____

_____

_____

20____//_____

_____

_____

_____

_____

_____

20____//_____

_____

_____

_____

_____

_____

What do you need to let go of?

22

DECEMBER

20___

20___

20___

23

DECEMBER

My friends tease me, nicely,
about _____.

20___ //_____

_____

_____

_____

_____

20___ //_____

_____

_____

_____

_____

20___ //_____

_____

_____

_____

_____

What do you look forward to about
the holidays?

24

DECEMBER

20 //

20 //

20 //

25

DECEMBER

What do you hear right now?

20___//_____

20___//_____

20___//_____

26
DECEMBER

If people could see your emotional
insides, what would they see?

20 //

20 //

20 //

27

DECEMBER

I don't know what I'd do without
_____.

20___ //_____

_____

_____

_____

_____

20___ //_____

_____

_____

_____

_____

20___ //_____

_____

_____

_____

_____

_____

Are you an optimist or a pessimist?

28
DECEMBER

20 //

20 //

20 //

29

DECEMBER

Compare yourself to something
poetic: I am like _____.

20____

20____

20____

Who inspires you?

30

DECEMBER

20___

20___

20___

31

DECEMBER

What is the best thing that happened
to you this year?

20___ //_____

_____

_____

_____

_____

_____

20___ //_____

_____

_____

_____

_____

_____

20___ //_____

_____

_____

_____

_____

_____